De usagte ord

AF286777

Heidi N. Janum

De usagte ord

© 2007 – Heidi N. Janum
Sats og omslag: Books on Demand GmbH
Forlag: Books on Demand GmbH, København, Danmark
Fremstilling: Books on Demand GmbH, Norderstedt, Tyskland
Bogen er fremstillet efter on-Demand-proces

ISBN 978-87-7691-192-8

Forord

At være den heldige der siger goddag til livet med et hvinende hyl, er en gave. Men hvad vi får en forståelse af, når vi bliver ældre, er at vi også skal dø.

Imellem disse to tidsskel oplever vi livet. Livet som indeholder glæder, begejstring og lykke, men også sorger og frustrationer. Ord kan uanset i hvad anledning være med til at forstørre ens følelser, så virkeligheden af den mærkbare glæde eller sorg bliver mere aktuel.

Gør følelser lovlige for dig selv, gør de usagte ord levende og mærk livet – på godt og ondt.

Jeg sender mine inderste tanker til min morfar
der døde i en alt for tidlig alder.

Indhold

Den lille pige der sad med hjertet udenpå

Hun kunne næsten ikke trække vejret sit
at elske nogen så højt, at tro det er dit
Dette skulle den lille pige aldrig have gjort
ens liv kan pludselig vende og blive kort

Hun havde været en glad og livlig pige
nu havde hun intet at sige
Hun var stum og chokket
følelserne havde hende lokket

Hun sad alene på den kolde asfalt
virkeligheden smagte af det bitre salt
Blodet løb hende forbi
hun ville ønske hun kunne krybe i hi

Hun levede stadig, hvorfor mon
når andre var most til blodets skum
Hvorfor skulle hun blive
hvorfor var hun i live

Livets gang

Hvad byder livets gang
en rose der danser og synger en munter sang
Et liv med spørgsmål, sorg og frustrationer
en mave der plages af de værste menstruationer

Lev livet mens du kan
visk det ikke ud i sand
Sandet er dyre korn
sandet er nydelsens horn
Nyd livet, vær glad for det er dit
livet er verdens største hit

Fornemmelsens tåre

En tåre triller ned af kinden
blæser væk med vinden
Et kapitel slut og endt
du altid i mit hjerte vil være kendt
Du er mig ikke mere nær
men i min erindring, vil du altid være kær
Jeg savner din nærhed
din kærlighed
Jeg står nu alene og forladt
jeg i min krop føler mig mat
Forstår ikke livets gang
ville ønske du var en del af min fremtids sang
Du vil altid inderst inde være gemt og fylde
men vil leve livet, lade det hylde
Elske livet
ikke tage det for givet
Leve livet med mig selv og andre
og på den lykkeligste vis lade livet vandre

Livet

Stå op og dufte eksistensen
at vide tilværelsen er din
En følelse der skal kærtegnes
der skal kæles for
stryges med hårene
Glæden bliver til taksigelsens sang
afslutter med et brøl
et brøl af eufori

Du min elskede

Hvorfor dig, det er mig en gåde
som jeg resten af mit liv over må råde
Du er nu i blandt de døde
men jeg ved, at jeg en dag dig atter vil møde
Du vil altid være her i din ånd
for vi to har skabt stærke bånd
Vi sammen vil være i min tro
der vil du inderst inde altid bo
Jeg hører dig i samvær med englenes lyd
og i det jeg finder den største fryd
At kunne se de dejlige minder
og der igennem livets lyst atter jeg finder
At du giver mig styrke og varme
til at vide uanset hvor, vil jeg altid være i dine arme
At du mig gennem livet vil bære
i det jeg sætter pris og ære
Tak for din omsorg og kærlighed
min kærlighed til dig vil altid vare ved

Kasseret

Et lille lommetørklæde
smidt i affaldsspanden
Før pæn og foldet flot sammen
nu sammenkrøllet og beskidt
Kasseret ikke brugbar
ikke anvendelig
nu svær tilgængelig
Hjertet brister
grobunden for udvikling er væk
Gi det en ny rolle
lav et perspektivskift
Vis det lidt af din intimsfære
la jer være et

Evigglad

Smilet gør hende evigglad
Lykken og appelsinen i turbanen gør hende evigglad
Skæbnetråden og heldet gør hende evigglad
Drømme og muligheder gør hende evigglad
En hjertenskær og hjerteveninde gør hende evigglad
En undfangelse af det dyrebareste gør hende evigglad
Eksistensen gør hende evigglad

Frygten skræmmer

At kende livets vej er trygt
at lade være med at vove er frygt
Tanken gør hende ør
men viser måske vej til en ny dør
Vil, vil ikke
tør ikke, bange for bare at nikke
Er bange for følgerne
men mere ved ikke at se bølgerne
Ønsker at leve livet
men er det ikke at tage det for givet
Skal, skal ikke
gør det, men bange for at det´ skal stikke
Livet giver mange oplevelser og glæder
ikke kun af dem i automater og på slæder
Oplevelser der vækker minder
dem hun ønsker at hun finder
At finde dem på livets anden vej
måske hun finder mere end ventet, måske dig

Født på ny

Hun følte hun var ude at svømme
desværre på dybets rand
Hun kunne ikke komme ind til kanten
men synkede dybere og dybere
Tag efter tag
ville hun nå sit mål
at ende på det lave
Hun prøvede og prøvede
men arme og ben blev tungere
det trykkede for ørerne
hendes krop blev mere og mere slap
vejrtrækningen ebbede stille ud
Vågnede op
født på ny
med nye erfaringer og nye mål

Forår

At stå op og se solens stråler
gør en glad, munter og tilpas
Livet virker skønt
Fuglene kvidre så smukt
Folk liver op
Er det kærligheden hun hører summe
Alt får et ekstra pust af friskhed
til det hun siger velkommen

Køreplan

Gid der var en færdig køreplan
en køreplan der sagde, hvor vi skulle hen
Et sted med fremtidsgaranti
garanti for at blive troet på
troen på det unikke i alle

Vi er alle unikke
Vi er alle specielle
En del af samfundet
En del af verden
En del af noget
Vi er forskellige
Vi er alle unikke

Fredag eftermiddag

»Godmorgen sikke en dag«
gad vide hvad der her lå bag
Stemningen var anderledes
som om ingen kedes
Alt gøres til billedskønne under
der gøres de vidunderligste funder
Stemningen høj og uden koncentration
som om denne dag skabes af en determineret situation
»God Weekend«, hvad var det han sag'«
nå jo, det er fredag eftermiddag
Glæden breder sig langsomt i min krop
læner mig tilbage med kaffe i min kop
Afslapning, familie og venner
tid til dem jeg kender
Som om livet starter på ny, i dag
indvendig vifter det røde hvide flag
Lev livet noget mere,
ikke nødvendigvis med mange eller flere
Gør livet til en glædesdag
gør livet til én lang fredag eftermiddag.

Menneskesyn

Fødes man som en tom tavle
Kan vi sættes i kasser
Kan vi forme mennesker til bestemte formål
Er alt medfødt, kommer alt indefra
Fødes vi med evner
Bliver vi påvirket til at være et bestemt menneske
Skal der bestemmes hvad vi kan og skal
Bliver der lagt vægt på menneskets følelser eller er det reaktionerne
Må mennesket være menneske eller skal vi være robotter
Skal vi have lov til at udvikle os eller skal vi være hvor vi er
Kan vi redes fra slummet
Vil den sociale arv forblive vores rygsæk
Er det lysten der driver værket eller er det tvang
Må vi mærke vores følelser
skal vi ligge låg på
Hvem er du
Ligner vi hinanden
Er vi individuelle personer
må vi være det
skal vi først skabe et behov for at være det
Er vi udviklet til vores formål
Har vi et formål
Udvikles vi livet igennem og må vi det
Er samfundet som det skal være
Hvis ikke, er det så samfundets skyld
Hvem er samfundet
Er det din skyld
Er det nogens skyld
Hvad er skyld

Savnet

Døden den frygtelige
kan ske pludselig og uanet
Den rammer hårdt og brutalt
som en bombe der ødelægger alt
Man står alene tilbage
med følelsen af afmagt og kaos
Pludselig står livet stille
gråden er det eneste der finder sin vej
Hvordan kunne det ske
hvorfor lige dig
En som var elsket så højt
og nu savnet så meget
Ingen mening
kaos inden i- hjælp
Hvor gør det ondt
forsvinder det nogensinde
Du vil aldrig glemmes
altid være i vores hjerter
Elsker dig

Forandringens vinde

Gør ikke som han plejer
Sætter spørgsmålstegn ved rutiner
Vanerne er væk
Lær ham om vindens nye ryk
Han vil mærke luften
Tage imod forandringen
Han suger til sig
Lær ham at lære
Lær ham at leve

Forstå

Lære at forstå
er det noget jeg kan opnå
Er det noget jeg kan lære
eller er det noget af det svære
Forstå via erfaring
skabe en bevaring
Ellers vil jeg aldrig kunne sige
»jeg forstår dig så lige«
Har du aldrig oplevet det Ét fortæller
så er det ikke noget der gælder
Kan ej sige at forstå
det er jo ikke somså
Aldrig oplevet det på din krop
sig aldrig til mig at du forstår
da det du ikke formår

Smagløs

Hun føler sig pludselig stum
Kroppen pludselig slap
Indeni føles en voldsom storm
Øjnene våde
Kinderne røde
Alt alt
Alt i sort
Smager på ordet
smagløst
gør ondt at sige
finder ikke sin vej
D
DØ
DØD
Hun vil aldrig forstå

Lykke

En sprudlende fornemmelse i hendes mave
som den smukkeste og fineste rose i sin have
Det mærkes rart
det mærkes sart
Bare det ikke forsvinder
ved at denne følelse er en vinder
Hendes ansigt bliver strammet op
Hun kan ikke lade være med at give kroppen et lille hop
Denne følelse er glæde og lykke
livets dyrebareste smykke
Hun ønsker den skal føles af alle
livet er skønt, lad os alle på det kalde
og lykken vil finde sin vej hjem

Et uinteressant bur

Hvorfor er dagens Danmark indrettet på en måde, hvor det er in
at være kendt
som om intet andet dur
at man ellers lever i et kedeligt, trist og uinteressant bur

Husk på at vi alle er mennesker
folk der vil behandles med respekt
uanset hvor man havner, hvad der sker
skal ALLE behandles med accept

Hvorfor behandle kendte bedre og mere seriøst
som om De er mere, at deres liv er mere dyrebart
er dette ikke en tankegang der bør graves ned i øst
Vi er alle sammen noget værd, ja hver en part

Er der andre der burde have mere respekt
eller i det mindste den samme pose accept
Dem der hver dag giver samfundet mindre byrder
men kun betragtes som mindre værdige hyrder

De menneskelige mennesker
dem der er hvor det sker
dem der ikke lever af kunstig lykke
men får serveret stykke for stykke
Dem der arbejder med folk i nød
de er vigtige for samfundets kerne, for den enkeltes død
Alle uanset køn og religion, hver en borger kan ingen undvære
alle er vigtige brikker i samfundets sfære

Vi er alle brikker i det store puslespil
det enkelte individ er ikke bare, det er et liv hvor meget står på spil.
Vi burde alle takkes for at være til
tak til alle fordi de dagligt vil.

Hjertesorger

Hendes hjerte var utilnærmeligt
hudafskrabningen var forøget til et dybt sår
Han var overraskende stille og utilgængelig
og deres film synes pludselig at have trange kår

Hun havde givet ham hendes kærlighed
Han havde båret et kostume
og nu kunne han ikke engang give hende hans ærlighed
Han havde spillet på ikke kun en parfume

Hendes henrykkelse blev til flammebedrøvelse
han blev uforberedt hendes modstander
Hans narrestreg var noget af en prøvelse
hendes ellers glade ansigt fik dybe sørgmodige rander

Hendes sult efter omsorg var ved et trylleslag væk
turde hun søge igen, fandt hun nogensinde den dybe lykke
Fik denne følelse mulighed for at køre på nye dæk
tårerne talte mens de stille ramte det ligegyldige forærede
smykke

Alene

Klumpen i brystet blev ved med at gro
som om den havde fundet et sted at bo
Hvorfor var alle så stille og sky
som om hun bare kunne starte på ny
Hvorfor lod i hende være
dette var for hende ikke til at bære
Snak, spørg eller bare være til stede
lad ikke gråden være hendes eneste væde
Hun trængte til trøst
så klumpen kunne forsvinde i hendes bryst
Lad hende ikke sidde alene, hun lider
tak tak tak fordi du snakker til hende, omsider

Sommer

Fuglene kvidrer i lystige viser
solens stråler rammer de blege fliser
Hovederne dukker stille frem fra deres gemmer
og sommerens sande ansigt emmer
Plænerne fyldes og venskaber bindes
livet mærkes og man ved det findes
De lyse farver fylder mere og mere
nuancerne bliver pludselig flere
Solens stråler gemmer på liv og energi
Lev stort
Lev stort

Ensomhed

Hun sidder stille på sin stol
parasollen tager den værste sol
Hun har siddet der i flere timer, alene
Hun er klædt i lyse farver
men hendes øjne fortæller at ensomheden gør ondt
Hun bevarer dog livsånden og sætter sig trofast på sin stol hver
dag
tænk hvis nogen skulle dukke op og ville hende det godt
Hun stirrer længselsfuldt ud fra altanen, med håb om at godbid-
den snart dukker op
Hvem ved måske i morgen
Hvem ved måske aldrig

De andre

Spørgsmålet holdes levende i mødet med dagen
og nye spørgsmål kommer poppende frem for sagen
Nogen har brug for tryghed og stabilitet
disse ting giver dem kvalitet
Andre vil flyve og konstant mærke livet
dykke på det dybe hav og ruske gevaldigt i sivet
Tro, håb og kærlighed kan man værne om
for nogen livet ellers bliver ganske tom
Andre ønsker en selvstændighed med plads til en´
i dette De ikke ser nogen men
Nogen kan lide at bruge sin fantasi,
på den måde finder De ny værdi.
Andre kan lide at tænke og filosofere, dette er deres natur
ellers slår deres indre glød ujævne slag i det ellers stabile optrukne
ur
Vi er alle forskellige på den ene eller anden gren
uanset om vi sover sammen eller på hver sit lagen
Lad være med at tænke negativt fordi Et ikke ligner dig
tænk hvis Et også tænker gnavent om dig
Giv alle en chance for at vise hvem De er
måske du ender med at synes om Et, og i sammen skaber et jer.
Tillykke med din nye ven
du har åbnet for din personlige udvikling igen

Hemmeligheden

Hun hopper stille på ladet
venter på at han skal give hende endnu en ting
Vognen er stadig halv fuld
Han smiler sødt til hende
De ved det, og har vidst det længe
Deres liv skal se et nyt kapitel i øjnene
Et nyt kapitel med nye eventyr
Deres åbenbare glæde overstråler blomsternes spiren
og deres hastige kys indeholder meget mere end først antaget
Ved et mere intenst blik kan man se at hendes mave stråler
Deres hemmelighed er nu åbenlys for alle
De skal være en familie

Virkelighedens drømme

Et højlydt gab og øjnene halvt åbne.

3 Ugers ferie med sol, strand, oplevelser og lækkert mad og nu stod mandag morgen for døren. Åh det var ikke til at holde ud.

»Arbejdet kalder«, sagde Martin friskt, da vækkeuret nærmest skreg mig lige op i hovedet.

»Åh jeg vil ikke, vækker du mig ikke, når du har været i bad?«

Jeg lukkede mine øjne og der gik ikke få minutter, før jeg atter en gang lå på stranden i selskab med en god bog.

Martin vinkede smilende op til mig fra det dybhavs blå vand, og jeg vinkede smilende tilbage. Martin åh Martin. Hvordan havde jeg været så heldig, at finde en mand som ham?

Vi havde mødtes 3 år før tilfældigt til en fest. Det viste sig, at vi havde gået i den samme forening i 5 år. Martin spillede fodbold og jeg håndbold. Foreningen holdt 25 års jubilæum, og i den anledning var alle inviteret til fest.

Jeg havde hjemmefra ikke rigtig ønsket at tage af sted. Men hvad, jeg havde jo betalt, og desuden havde jeg lovet Louise at tage med. Jeg gad ikke rigtig at gøre noget ud af mig selv, satte bare håret op i en klemme og lagde en hurtig Make Up. Jeg havde rimelig travlt. Min manglende iver havde ikke ligefrem fået mig i gang til tiden, og jeg stod nu uden tøj, og anede ikke hvad jeg skulle tage på. Der var under 20 minutter til, at jeg skulle være hos Louise. Jeg endte med at tage det gamle og sædvanlige sorte sæt på, som jeg havde båret til de sidste 10 fester. Men hvad, jeg gad alligevel ikke og hvem skulle lægge mærke til det?

»Skulle du ikke have det nye sæt tøj på, det vi købte i sidste uge? Du har altid det sæt på. Du mangler nogle farver, vent jeg har et lyserødt tørklæde, det vil passe perfekt«, sagde Louise inden hun forsvandt ind i soveværelset.

Jeg kom for sent hen til Louise og vi nåede derfor kun et par drinks inden vi tog af sted.

I døren ind til spisesalen gik det op for mig, at der var bordkort. Hvad!, skulle vi ikke sidde ved siden af hinanden?, og hvor stor var chancen for, at jeg kom til at sidde med en fra mit eget hold, ud af 1500 medlemmer?

Jeg var lige ved at vende om og smutte hjem, da en ung fyr kom hen til os.

»Hej, jeg hedder Martin og har den fornøjelse at være din bordherre i aften. Må jeg vise dig vej?«, sagde han, mens han kiggede på mig.

Louise smilede lumsk til mig og gav min hånd et klem.

»Jeg skal nok passe godt på hende«, sagde han smilende til Louise.

Mærkeligt nok følte jeg en hvis varme i min krop, ved at gå ved siden af ham. Han så utrolig sød ud. Martin hvem, hvad og hvor? Jeg blev pludselig nysgerrig efter at få svar på alle mine spørgsmål, og da han tog min hånd, var det som om, at der gik en strøm af vibrationer gennem hele min krop. Jeg kunne mærke at varmen steg, og jeg manglede ord for de følelser der pludselig stormede frem. Inden hovedretten fandt jeg ud af, at vi var jævnaldrende. Han gik til fodbold. Han boede alene, ingen børn, ingen kæreste og var uddannet psykolog. Han havde fast stilling på en skole lidt uden for byen. Vi kunne ikke lade være med at grine, da vi fandt ud af, at vi nærmest boede dør om dør.

Da han bød mig op til dans, takkede jeg glædeligt ja, og han slog mildest tag benene væk under mig. Aldrig havde jeg mødt en fyr, der havde så meget styr over hver eneste del af sin krop. Han holdt mig ind til sig. Vi var så tæt, at jeg tydeligt kunne mærke hans ånde i min nakke samt dufte hans parfume, der var som himmelsk i mine næsebor. Jeg sansede ikke menneskerne omkring mig, og da folk så småt begyndte at gå, kiggede jeg for første gang op på uret. Til min forskrækkelse opdagede jeg, at klokken allerede var 06:00. Jeg synes lige, at vi var kommet, at Martin lige havde introduceret sig. Jeg kunne mærke, at jeg fik kuldegysninger over hele kroppen, da det gik op for mig, at Martin snart ville være ude af syne, men bestemt ikke ude af sind.

Da han kyssede mig på kinden og spurgte, om han måtte følge mig hjem, blev jeg henrykt, og om det var vinen eller de overvældende og langt gemte følelser, der spillede et pus, ved jeg ikke. Men næste morgen, da det bankede på døren op af middagstid, troede jeg, at jeg stadig drømte, for ved siden af mig lå Martin. Hvor var han dejlig, som han lå der i min seng.

Jeg skyndte mig at løbe nedenunder i håb om, at han ikke vågnede, så jeg endnu engang kunne beriges med dette vidunderlige syn.

Det var Louise, hun var nysgerrig efter at høre, hvordan det var gået. Jeg gav hende et kys på kinden og takkede hende for, at hun havde fået mig med, da jeg havde haft den mest vidunderligste aften i lang tid. Jeg fortalte, at han var her. Vi fnisede begge som var vi atter 12 år.

På vej op til Martin med kaffe og varme rundstykker, blev jeg usikker. »Var det for ham bare en engangsforestilling eller? Åh jeg ønskede af hele mit hjerte, at lære ham bedre at kende, men ville han? Hvis ikke, havde jeg da i hvert fald et ubeskriveligt dejligt minde mere med mig i rygsækken«.

Da jeg åbnede døren og kom ind, lå Martin med øjnene åbne. Selv om morgenen var han lækker. Som han lå der med lysskæret i hans blonde hår, lignede han en million. Jeg selv havde ikke taget nogen chancer og havde hurtig taget et bad, børstet tænder og lagt makeup. »Godmorgen Katrine, jeg nød virkelig aftenen i går… og natten«, smilede han sødt.

»Jeg kunne ikke forstille mig aldrig at skulle se dig igen. Jeg vil meget gerne lære dig bedre at kende. Har du lyst til at se mig igen … snart?«, spurgte han.

Stranden, det varme sand, de kolde drinks og alle de forelskede mennesker, gjorde det hele perfekt, til netop at være her på vores bryllupsrejse. Jeg kiggede ud på Martin og kunne ikke forstå, at det kun var 3 år siden, jeg mødte denne vidunderlige unge fyr, som nu var min mand.

Jeg kiggede op i himlen, »TAK TAK TAK«.

Martin var i mellemtiden kommet op, kyssede mig på munden og kiggede mig dybt ind i øjnene, mens han sagde, at han elskede mig.

»Katrine du skal op nu. Du skal til og i bad, hvis ikke du vil komme for sent på arbejde«, råbte Martin nede fra.

Jeg vågnede med et sæt, hvor lang tid havde jeg sovet? Åh kun i et kvarter. Hvor var det en dejlig drøm. Men det bedste ved den var, at det ikke kun var en drøm, men virkelighed, min virkelighed.

Dødens tidlige alder

Hun sad alene tilbage, stille og forladt.

Minderne brusede i blodets baner og tårerne fandt sin vej ned af hendes røde kinder. De var mærket af den sorg hun havde i kroppen.

Det var november og havets voldsomme bølger var ved at oversvømme hende. Det var lang tid siden, hun havde givet sig tid til at sidde hernede i dagens ellers travle hverdag. Men i denne tid var det som om, at det var det eneste hun kunne finde ud af. Stedet her havde været en stor del af hans liv, og hun huskede hvordan han ivrigt havde fortalt, om de glæder dette sted havde givet ham.

Hun mærkede at uroen begravede sig dybt inde i hende. Hun synes, at hun kunne dufte ham. En sødlig og frisk duft.

Hun lagde pludselig mærke til, hvordan dette sted havde forandret sig. Stien var væk, dækket med siv, træerne var fældet, ja selv havets brusen lød anderledes.

Men nu stadig et dejligt sted at være. Dejligt at finde bare lidt ro og sammen med bølgernes rytme finde en harmoni. De gjorde ham mere nær og hun så svagt sin elskede.

Hun gik stille og dybt bevæget af alle minderne tilbage til huset.

Mon nogensinde båden kom ud på det klare vand igen og fandt liv? Fik hun nogensinde livet at mærke igen?

Hun sank hen i sofaen, her plejede han at være til syne. Han brugte meget af sin tid ude i haven – fjern men alligevel så nær.

Det var nu 2 måneder siden, at han alt for tidlig havde sagt farvel – og livet føltes tom.

Hun havde ikke kunnet sove i flere nætter nu, og fandt hans sengetøj frem med håb om, at dette ville hjælpe. Det var rart at have ham nær. Det gjorde hende tryg. Hun faldt stille hen og han kom til syne. Det var så vidunderligt, her stod han lige foran hende. Hun kunne mærke hans varme og gråden var ikke til at hindre.

Hun vågnede tidligt og følte sig stadig ikke udhvilet. Det var som om, at trætheden lå som en tæt tåge over hende.

Det var så småt blevet formiddag. Dagene synes uendelige. Det var svært at finde lysten ved noget. Hun opdagede hans sko som stod forladt og alene ude i gangen. Hun bemærkede det da postbudet ringede på. Han afleverede stadig breve i hans navn. Smerten havde ingen ende. Ligesom hans sko, følte hun sig alene og forladt. Hun kunne ikke lade være med at græde. Græde over at han ikke var her mere, var her til at tage om hende og sige at han elskede hende.

Men på trods af den uendelige smerte hun hver dag havde slæbende bag sig, vidste hun, at uanset hvordan hans kærlighed til hende blev givet, ville den følge hende resten af livet. Han ville altid være hende nær, være hendes hjerte nær.